AF124698

BEI GRIN MACHT SICH IHR WISSEN BEZAHLT

- Wir veröffentlichen Ihre Hausarbeit,
  Bachelor- und Masterarbeit

- Ihr eigenes eBook und Buch -
  weltweit in allen wichtigen Shops

- Verdienen Sie an jedem Verkauf

Jetzt bei www.GRIN.com hochladen
und kostenlos publizieren

Jaqueline Radloff

Cause related Marketing

Präsentation und Ausarbeitung

GRIN Verlag

Bibliografische Information der Deutschen Nationalbibliothek:

Die Deutsche Bibliothek verzeichnet diese Publikation in der Deutschen National-
bibliografie; detaillierte bibliografische Daten sind im Internet über http://dnb.d-
nb.de/ abrufbar.

Impressum:

Copyright © 2014 GRIN Verlag GmbH
Druck und Bindung: Books on Demand GmbH, Norderstedt Germany
ISBN: 978-3-656-66213-6

Dieses Buch bei GRIN:

http://www.grin.com/de/e-book/274050/cause-related-marketing

GRIN - Your knowledge has value

Der GRIN Verlag publiziert seit 1998 wissenschaftliche Arbeiten von Studenten, Hochschullehrern und anderen Akademikern als eBook und gedrucktes Buch. Die Verlagswebsite www.grin.com ist die ideale Plattform zur Veröffentlichung von Hausarbeiten, Abschlussarbeiten, wissenschaftlichen Aufsätzen, Dissertationen und Fachbüchern.

Besuchen Sie uns im Internet:

http://www.grin.com/

http://www.facebook.com/grincom

http://www.twitter.com/grin_com

Leuphana Universität Lüneburg

Marketing IV: Aktuelle Themen und Entwicklungen im Marketing

CAUSE-RELATED MARKETING

THEORIE UND ANWENDUNG- AM PRAXISBEISPIEL

Abgabedatum: 30.01.2014

Inhaltsverzeichnis

Zunächst sollen einige Cause- related- Marketing Kampagnen aus Deutschland vorstellt werden:

 in Kooperation mit

Der Brauerei- Konzern *Krombacher* startete 2002 eine Kooperation mit der Naturschutzorganisation WWF, um Regenwaldareale in Zentralafrika zu schützen. Dabei sollte pro verkauftem Kasten Bier ein Quadratmeter Regenwald erhalten werden.

in Kooperation mit

Seit dem Jahr 2006 unterstützt Babyhygieneartikel- Hersteller *Pampers* das Kinderhilfswerk *UNICEF* mit der Aktion „1 Packung = 1 lebensrettende Impfdosis" um gegen Tetanus bei Neugeborenen vorzugehen.

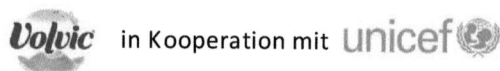

Und auch der Getränkehersteller *Volvic* startete 2005 in Zusammenarbeit mit *UNICEF* eine Trinkwasserinitiative, die pro verkauftem Liter Volvic- Wasser die Versorgung mit zehn Litern sauberem Trinkwasser für Menschen in Äthiopien ermöglichen sollte.

1. Was ist Cause- related Marketing?

„[Cause- related Marketing ist] die Formulierung und
Implementierung [von Marketing Aktivitäten, die
charakterisiert sind durch ein] Angebot des
Unternehmens, das folgende Eigenschaften aufweist:
es muss ein spezifizierter Geldbetrag gespendet
werden, der einem bestimmten Zweck zu Gute kommt,
wenn Konsumenten sich in umsatzträchtige
Austauschbeziehungen mit dem Unternehmen
einlassen, welche sowohl die Ziele des Unternehmens
als auch die der
Konsumenten befriedigen."

(Vgl. Fuljahn, Alexandre: Cause- related Marketing in Deutschland)

1. Was ist Cause- related Marketing?

Die Gleichungen 1 Kasten Bier = 1m² Regenwald, 1 Packung Pampers = 1 Impfdosis gegen Tetanus und 1l Volvic = 10l Trinkwasser ergeben sich aus dem Grundprinzip von Cause-related Marketing. In deutscher Sprache als „zweckgebundenes Marketing" übersetzt, ist die folgende Definition diejenige, die in der Literatur am häufigsten verwendet wird:

„[Cause- related Marketing ist] die Formulierung und Implementierung [von Marketing Aktivitäten, die charakterisiert sind durch ein] Angebot des Unternehmens, das folgende Eigenschaften aufweist: es muss ein spezifizierter Geldbetrag gespendet werden, der einem bestimmten Zweck zu Gute kommt, wenn Konsumenten sich in umsatzträchtige Austauschbeziehungen mit dem Unternehmen einlassen, welche sowohl die Ziele des Unternehmens als auch die der Konsumenten befriedigen."[1]

Sie stammt von den Autoren Varadarajan und Menon, die im Jahr 1988 zu den ersten gehören, die Cause related Marketing definieren.[2] Gemäß dieser Definition handelt es sich dabei um Marketing- Aktivitäten, die sich auf eine transaktionsbasierte Partnerschaft eines Unternehmens mit einer wohltätigen Organisation (künftig als NPO / Non- Profit- Organisation bezeichnet) beziehen. Kauft ein Konsument ein umworbenes Produkt, wird dadurch eine Spende für einen wohltätigen Zweck ausgelöst.

---

[1] Vgl. Fuljahn, A.: Cause- related Marketing in Deutschland, Saarbrücken 2012, S. 6
[2] Vgl. Polonsky, M. J. /Wood, G.: Can the Overcommercialization of Cause- related Marketing Harm Society, Journal of Macromarketing, 21. Jg., Nr.1, 2001, S.8f.

Einige Autoren erachten diese Definition als zu eingeschränkt, daher wird sie beispielsweise um den Aspekt der bewussten Positionierung des Unternehmens und der multiplen Vorteile für dieses ergänzt.[3] Auch für Adkins trifft das rein transaktionsbasierte Verständnis (Sales Promotion) nicht allein zu, da Cause- related Marketing auch andere Marketing- Mix- Instrumente wie Sponsorship, PR und Werbung umfasse.[4] Dennoch ließen sich folgende Gemeinsamkeiten in den Definitionen feststellen: Cause-Related Marketing ist eine geschäftliche Beziehung zwischen einem Unternehmen und einer Non-Profit Organisation, von der beide Kooperationspartner profitieren.[5]

Im Folgenden soll Cause- related Marketing durch CRM abgekürzt werden, wobei angemerkt wird, dass *CRM* ebenfalls für das Customer Relationship Management verwendet wird.

Corporate Social Responsibility

- unternehmerische, soziale Verantwortung:
wirtschaftlich, rechtlich, ethisch, ökologisch

→ CRM als Teilstrategie von CSR

CRM ist ein Marketing- Tool, das innerhalb der unternehmerischen sozialen Verantwortung, auch bezeichnet als Corporate Social Responsibility oder CSR, angewendet wird. Aufgrund verschiedener, bedeutender Entwicklungen aus der Vergangenheit heraus, wie dem Rückzug des Staates aus einer alleinigen Verantwortung für ökologische und soziale Belange, globale Umweltprobleme, soziale Ungleichgewichte und Bedürfnisse, ist eine Forderung der Gesellschaft nach stärkerer Übernahme von sozialer und ökologischer Verantwortung der ökonomisch agierenden Unternehmen nicht nur entstanden, sondern von immenser Bedeutung geworden. Gemäß Definition umfasst die soziale Verantwortung der Unternehmen da-

---

[3] Vgl. Pringle, H. /Thompson, M.: Brand Spirit, How Cause Related Marketing Builds Brands, Chichester 1999, S.
[4] Vgl. Huppertz, A.: Cause- related Marketing: Auswirkungen und Einflussfaktoren, Saarbrücken 2007, S. 5
[5] Vgl. Adkins, S.: The wider Benefits of Backing a Good Cause, Marketing, 02.09.1999, S. 20f.

bei die wirtschaftlichen, rechtlichen, ethischen und nach Ermessen festzulegenden Erwartungen, die die Gesellschaft an Unternehmen zu einem gegebenen Zeitpunkt hat.[6]

Vor dem Hintergrund, dass Konsumenten bereit sind, sozial verantwortliche Unternehmen zu belohnen und unsozial handelnde Unternehmen zu bestrafen[7], und aus der der Notwendigkeit heraus, dass der zunehmend stärkere Wettbewerbsdruck für Unternehmen eine Differenzierung am Markt erfordert, hat die Verfolgung von CSR damit große Bedeutung errungen.

Cause- related Marketing als Teilstrategie von CSR wird auf Abnehmerseite besonders dem Verlangen des Konsumenten nach ethischer bzw. philanthropischer Verantwortung und moralischer Handlungsweise gerecht. Der Spendencharakter zeigt ein uneigennütziges Engagement des Unternehmens und kann gleichzeitig das Bedürfnis des Konsumenten nach eigenem moralischen Handeln befriedigen. Auf Unternehmensseite bedeutet es vor allem eine einzigartige Positionierung und Abgrenzung vom Wettbewerber.

2. Entstehung des Cause- related Marketing

- Pionier: American Express, 1983:
„1 Cent pro Transaktion für die Restaurierung der Freiheitsstatue"

2. Entstehung des CRM

Der Ursprung von Cause- related Marketing wird häufig in den achtziger Jahren des zwanzigsten Jahrhunderts gesehen. Als Pionier geht das Finanzdienstleistungsunternehmen

---

[6] Caroll, A. B.: A Three- Dimensional Conceptual Model of Corporate Performance, Academy of Management Review, 4. Jg., 1979, S.497 f.
[7] Fuljahn, A., 2012, S. 1

American Express hervor, das 1983 in den USA die erste öffentlichkeitswirksame Cause-related Marketing- Kampagne durchführte. Das Unternehmen versprach pro Transaktion mit einer seiner Kreditkarten einen Cent an einen Fond zu spenden, der zur Restaurierung der Freiheitsstatue vorgesehen war. Insgesamt spendete American Express 1,7 Millionen Dollar und konnte eine Steigerung der Kreditkartennutzung um 28% und eine Erhöhung der Neuanmeldungen von 48% verbuchen[8].

Der Erfolg dieser Kampagne, die der Forderung der Konsumenten nach sozialer Verantwortung von Unternehmen nachkam, scheint mit dafür verantwortlich zu sein, dass wissenschaftliche Untersuchungen zu CRM angestellt wurden. 1988 schließlich definierten Varadarajan und Menon CRM als eigenständiges Marketing- Instrument[9].

Seitdem gewinnt CRM vor allem in angelsächsischen Ländern zunehmend an Bedeutung.

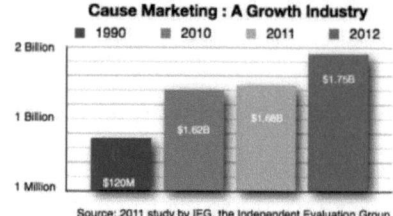

- Tendenz steigend (2013 ca. 1,78 Billionen US$

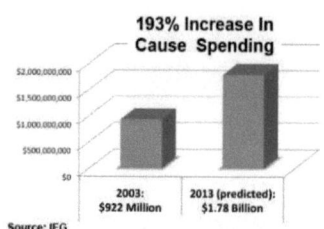

- Seit 2003 haben sich die Ausgaben der Unternehmen nahezu verdoppelt

Die folgenden Grafiken der letzten zehn Jahre zeigen, dass sich die Ausgaben für Cause-related Marketing- Kampagnen in Nordamerika nahezu verdoppelt haben und dieses Jahr schätzungsweise 1,78 Billionen US-Dollar betragen[10]. 1990 betrugen die Ausgaben nur rund 120 Millionen US-Dollar und damit ein knappes Fünfzehntel davon.

[8] Huber, F., Regier, S., Rinino, M.: Cause- Related- Marketing- Kampagnen erfolgreich konzipieren, Wiesbaden 2008, S.8
[9] Fuljahn, A., 2012, S.6
[10] IEG: The Growth of Cause Marketing, 2013, unter http://www.causemarketingforum.com/site/c.bkLUKcOTLkK4E/b.6412299/apps/s/content.asp?ct=8965443 (abgerufen am 28.11.2013)

- In Deutschland bis 2005 Beschränkung von CRM- Kampagnen durch UWG (Gesetz gegen unlauteren Wettbewerb)
- Seit 2005/06 viele namenhafte Kampagnen

Im Gegensatz zu den angelsächsischen Ländern findet CRM in Deutschland als Marketing-Instrument noch viel weniger Anwendung, wenn auch hier eine zunehmende Verbreitung beobachtet werden kann. Die Gründe dafür können darin gesehen werden, dass einerseits die Rolle des Sozialstaates in Deutschland den Unternehmen bisher zu viel soziale Verantwortung abnahm. Andererseits herrschte in Deutschland bis 2005 gemäß dem Gesetz gegen unlauteren Wettbewerb (UWG) eine Rechtsprechung, die gefühlsbetonte Werbung verbot und Cause- related Marketing- Kampagnen somit als wettbewerbswidrig einstufte. Doch eine entsprechende Gesetzesänderung ermöglicht seit diesem Zeitpunkt die problemlose Durchführung solcher Kampagnen, was zur Folge hat, dass viele namenhafte Unternehmen bereits 2006 CRM- Kampagnen starteten. Zu den Beispielen zählen die ersten drei Kooperationen, die in diesem Vortrag genannt wurden, außerdem die Zusammenarbeit von blend- a- med und den SOS- Kinderdörfern, Bitburger und dem Projekt „Bolzplätze für Deutschland" und Ratiopharm und dem Projekt „World in Balance"[11].

Aufgrund der bisher genannten Fakten kann Cause- related- Marketing in Deutschland als *Trend* im Marketing bezeichnet werden.

---

[11] Vgl. Huber, F., Regier, S., Rinino, M., 2008, S. 7

3. Ziele und Auswirkungen des CRM

3. Ziele und Auswirkungen des Cause- related Marketing

Im Sinne eines Marketing- Instruments ist das primäre Ziel von Cause- related Marketing eine sofortige Umsatzsteigerung. Grundsätzlich ist CRM ein taktisches Instrument von beschränkter Dauer, meist kurz- bis mittelfristig. Der Fokus liegt auf dem Produkt oder der Produktlinie des Unternehmens und die (Spenden-) Handlung des Unternehmens erfolgt nach (Kauf-) Handlung des Konsumenten. Im Folgenden soll näher darauf eingegangen werden.

Ziele des CRM aus Unternehmenssicht

Unternehmensziele / Marketingziele		Soziale Ziele
Ökonomische Ziele	Nicht- ökonomische Ziele	
- Umsatzsteigerung	- Unternehmensimage verbessern / Status des Unternehmens i. d. Gesellschaft verbessern	- Den Zweck unterstützen
- Markenbekanntheit aufbauen/Bekanntheit d. Unternehmens steigern		- Konsumenten zu sozialem Engagement motivieren
- Neue Kunden (in bestehenden Märkten) gewinnen/ Marktposition stärken	- Markenreputation auf- und ausbauen	
	- Verbundenheit mit dem Unternehmen generieren	
- Differenzierung vom Wettbewerb	- Beziehung zur Gesellschaft im Allgemeinen verbessern	
- Erleichterter Markteintritt / neue Märkte penetrieren	- Negativer Publicity vorbeugen	
	- Internes Marketing / loyale Mitarbeiter gewinnen	

Aus Unternehmenssicht ist der Hauptgrund für Cause- related Marketing eine Umsatzsteigerung[12], die Basis für den Erfolg und das Wachstum des Unternehmens ist. Erreicht werden kann diese hier durch die Realisierung bisher ungenutzter Verkaufspotentiale. Des Weiteren wird sowohl die Markenbekanntheit aufgebaut, indem ein Bewusstsein für die Marke geschaffen wird, als auch die Bekanntheit des Unternehmens durch das Erzielen medialer Aufmerksamkeit gesteigert.

Generell ist es Ziel, durch eine CRM- Kampagne neue Kunden zu gewinnen und neue Zielgruppen potentieller Kunden anzusprechen. Gleichzeitig die Loyalität bestehender Kunden zu vergrößern und diese stärker an das Unternehmen zu binden; eventuell sogar verlorene Kunden zurückzugewinnen. Durch die Akquisition von Kunden werden auch die Marktposition des Unternehmens gestärkt und Marktanteile vergrößert.

Der zunehmend intensivere Wettbewerb unter den Unternehmen verlangt heute eine größtmögliche Abhebung von der Konkurrenz. CRM soll eine Differenzierung im Wettbewerb und folglich einen Wettbewerbsvorteil für das Unternehmen erreichen. Außerdem besteht die Absicht, einen leichteren Markteintritt zu schaffen, um neue Märkte leichter penetrieren zu können.

Zusätzlich zu den ökonomischen Zielen eines Unternehmens werden mit Cause- related Marketing nicht- ökonomische Ziele verfolgt.

Dabei steht die Verbesserung des Marken- und Unternehmensimages im Vordergrund. Ziel einer CRM- Kampagne ist es häufig, dem Kunden durch die Erweiterung des Markenimages einen Mehrwert zu bieten[13]. Die Markenreputation ist vom Markenimage nicht klar abzugrenzen und definiert sich als Summe der Wahrnehmungen aller Anspruchsgruppen des Unternehmens.[14] Sie versteht sich mehr als Ruf des Unternehmens, der durch die Handlungen des Unternehmens festgesetzt wird. Cause- related Marketing soll die Unternehmensreputation auf- und ausbauen und positiv beeinflussen.

Ein weiteres Ziel ist es, beim Konsumenten eine Verbundenheit mit dem Unternehmen zu generieren und auf emotionaler Basis Kundenzufriedenheit zu erreichen. Durch die Kommunikation sozialer Verantwortung wird die Verbesserung der Beziehung zur Gesellschaft im Allgemeinen angestrengt.

---

[12] Vgl. Huber, F., Regier, S., Rinino, M., 2008, S. 10
[13] Oloko, S.: Cause related Marketing- der Status Quo in Deutschland, Hamburg 2008, S. 36
[14] Vgl. Zier, T.: Markenführung und Werbewirkung im Internet, Köln 2008, S.20

Schafft es CRM, eine positive Einstellung des Konsumenten zum Unternehmen zu verankern, vermag es unter Umständen negativer Publicity des Unternehmens vorzubeugen oder diese abzuschwächen.

Ein wichtiger Aspekt ist auch das interne Marketing. In einer repräsentativen Studie von 2006 geben 79% der Befragten an, dass sie bei einem Unternehmen beschäftigt sein möchten, das einen Beitrag zur Gesellschaft leistet. 69% sagen zusätzlich aus, dass das soziale und ökologische Engagement ihrer Firma sie stolz mache.[15] So ist es ebenfalls das Bestreben, durch eine CRM- Kampagne loyale Mitarbeiter zu gewinnen und deren Motivation und Arbeitsleistung positiv zu beeinflussen.

Die sozialen Ziele eines Unternehmens können die Unterstützung eines Zwecks durch finanzielle Mittel, Sachspenden oder immaterielle Güter sein, oder auch den Konsumenten zu jenem sozialen und ökologischen Engagement selbst aufzufordern und zu motivieren.[16]

Formen von CRM

Business- Nonprofit Allianzen

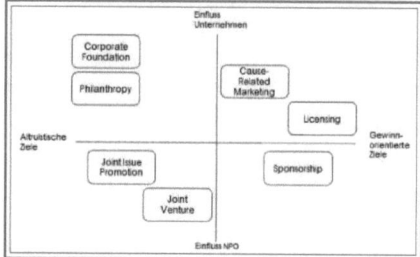

Formen von CRM

---

[15] Bei dieser Studie wurden 1800 US-Probanden aus der Generation Y bzw. der Millennial Generation (Jahrgang 1979-2001)befragt. Die Stichprobe unterteilt sich in 49% männliche und 51% weibliche Probanden.
Vgl. Kienzle, S., Rennhak, C.: Cause related Marketing, Reutlinger Diskussionsbeiträge zu Marketing und Management, Nr.2009-4, Reutlingen, S.14:
[16] Vgl. Fuljahn, A., 2012, S. 9

Diese Grafik zeigt die Business- Nonprofit Allianzen, die in der Literatur typischerweise von-einander abgegrenzt werden. Sie unterscheiden sich je nach Einfluss des Unternehmens oder der wohltätigen Organisation und nach Gewinn- bzw. wohltätiger Orientierung der ver-folgten Ziele. Im weiteren Verständnis können drei Typen von Cause- related Marketing un-terschieden werden. Das sind Transaction- Based Promotions, hier als „Cause- related Mar-keting" bezeichnet, Joint Issue Promotions und das Licensing.

1. Transaction- Based Promotions:
Profit Partner spendet abhängig vom Absatz an einen Non-Profit Partner
Bsp.: American Express spendet einen Cent pro Kreditkartentransaktion an die Statue of Liberty- Foundation

2. Joint Issue Promotions:
Profit Partner und Non- Profit Partner widmen sich gemeinsam einem gesellschaftlichen Problem
Bsp.: Becel verteilt im Rahmen der Initiative „Geh für Dein Herz" Schrittzähler und möchte zusammen mit dem 19,6 Millionen Club e.V. auf Herzgesundheit aufmerksam machen

3. Licensing:
Non- Profit Partner stellt Profit Partner gegen Lizenzgebühr oder Umsatzanteil seinen Namen und/oder Logo
Bsp.: der WWF zertifiziert Produkte von Edeka durch sein Logo

Transaction- Based Promotions stellen die typische, in diesem Vortrag fokussierte Form des Cause- related Marketing dar. Das Unternehmen, bzw. der Profit Partner, spendet gekoppelt an das Konsumentenverhalten, also abhängig vom Absatz seiner Produkte, finanzielle oder materielle Mittel an eine wohltätige Organisation, bzw. einen Non- Profit Partner. Ein Beispiel dafür ist die bereits angeführte CRM- Kampagne von *American Express*, innerhalb der das Finanzdienstleistungsunternehmen pro Transaktion mit einer seiner Kreditkarten und auch für neu ausgestellte Kreditkarten finanzielle Mittel an die *Statue of Liberty- Foundation* spen-dete.

Beim zweiten Typ, den Joint Issue Promotions, schließen sich ein Profit Partner und ein Non-Profit Partner zusammen, um sich einem gesellschaftlichen Problem zu widmen und dieses zu fördern. Dabei betreibt der Profit Partner typischerweise Werbung oder führt Promotions durch, um den Konsumenten auf das Problem aufmerksam zu machen, und vergibt Produkte und/oder Lehrmaterialien. Diese Form wird auch als Kommunikations- basiertes CRM bezeichnet[17]. Ein Beispiel dafür ist die aktuelle Kampagne „Geh für Dein Herz" von *Becel* und dem *19,6 Millionen Club e.V.*, innerhalb der *Becel* kostenlose Schrittzähler verteilt und anbietet und zusätzlich für jeden Schrittzähler einen Betrag an den Verein spendet.

Die dritte Form des CRM wird als Licensing bezeichnet. Hier stellt der Non- Profit Partner dem Profit Partner gegen eine Lizenzgebühr oder Umsatzbeteiligung seinen Namen oder sein Logo für ausgewählte Produkte zur Verfügung. So erhält der Non- Profit Partner finanzielle Unterstützung dafür, dass der Profit Partner seine Produkte aufwerten oder bewerben kann, die das Logo oder den Namen des Non- Profit Partners tragen. Ein Beispiel dafür zeigt sich in der aktuellen Zusammenarbeit von *Edeka* und dem *WWF*, innerhalb dieser einige Produkte von *Edeka* mit dem *WWF*- Logo zertifiziert wurden.

Gestaltung der CRM- Kampagnen

Unterscheidung nach wohltätiger Organisation, geographischer Reichweite, zeitlicher Dauer, Ausrichtung und Art der Unterstützung

Gestaltung der CRM- Kampagnen

Cause- related Marketing Kampagnen unterscheiden sich grundsätzlich in der wohltätigen Organisation, mit welcher kooperiert wird, der geographischen Reichweite, der zeitlichen Dauer und der Art der Unterstützung[18]. Im Folgenden soll auf die einzelnen Punkte näher eingegangen werden.

---

[17] Wahler, M., Wirth, J.: Cause Related Marketing (CRM) Marketing für den guten Zweck, S.9
[18] Vgl. Huber, F., Regier, S., Rinino, M., 2008, S. 9

Wohltätige Organisation: eine oder mehrere

Geographische Reichweite: international, national oder regional

Zeithorizont: kurz-, mittel- oder langfristig

Ausrichtung: strategisch oder taktisch

Art der Unterstützung: transaktionsbasiert oder im Vorfeld festgelegt

Wohltätige Organisation: Es ist möglich mit einer oder mehreren Organisationen zusammen zu arbeiten. Die Non- Profit Organisation sollte sorgfältig gewählt sein, damit die Kooperation Glaubwürdigkeit erzeugt, oder ein womöglich fragwürdiger Ruf nicht der Reputation des Unternehmens schadet.

Geographische Reichweite: Es kann eine internationale, nationale oder regionale Durchführung angestrebt werden.[19] Dabei sollte beachtet werden, in welchem Feld ein Unternehmen agiert und für welches Feld die Kampagne von Bedeutung ist. Ist der Zweck beispielsweise von regionaler Bedeutung kann auch ein internationales Unternehmen eine regionale CRM-Kampagne entwickeln, ein Beispiel dafür ist der Trinkwasserhersteller *Volvic*, der sich für das Biospährenreservat Elbe- Brandenburg engagiert[20].

Zeitliche Dauer: CRM –Kampagnen können kurz-, mittel- oder langfristig gestaltet werden.[21] In der Realität handelt es sich häufig eher um kurzfristig angelegte Maßnahme, „die oft auf wenige Wochen oder Monate begrenzt [sind]"[22]. Trotzdem gilt es zu bedenken, dass sich Wirksamkeit und Glaubwürdigkeit der Kampagne mit Anstieg der Dauer vergrößern und somit die Auswirkungen positiv beeinflussen.

Ausrichtung: Außerdem können die Kampagnen strategisch oder taktisch ausgerichtet sein.[23] Als taktisches Instrument wird eine CRM- Kampagne kurz- bis mittelfristig angesetzt

---

[19] Varadarajan, P. R., Menon, A.: Cause-Related Marketing. A Coalignment of Marketing Strategy and Corporate Philanthropy. In: Journal of Marketing, Vol. 52, Issue 3, 1988, S. 65ff.
[20] Vgl. http://www.volvic.de/engagement/biosphaerenreservat-elbe-brandenburg.php
[21] Varadarajan, P. R., Menon, A., 1988, S.63
[22] Fuljahn, A., 2012, S.20
[23] Varadarajan, P. R., Menon, A., 1988, S.67

und soll zu einer schnellen Absatz- und Umsatzsteigerung führen[24]. Ist das Engagement langfristig geplant wird die CRM- Kampagne zum strategischen Instrument. Dabei wird das Engagement in sämtliche Entscheidungsprozesse des Unternehmens miteinbezogen. Diese Ausrichtung wirkt sich besonders imagebildend auf das Unternehmen aus.[25]

Unter Umständen gestaltet es sich schwierig, CRM- Kampagnen als taktisch oder strategisch einzuordnen: der Brauerei- Konzern Krombacher führt die Kampagne zur Rettung des Regenwaldes drei Monate im Jahr durch, was für eine taktische Komponente spricht. Er tut dies allerdings im zehnten Jahr und beweist so ein langfristiges Engagement. Dieses Phänomen zeigt im Fall Krombacher aber auch noch einen weiteren Aspekt: Kooperationen zwischen Profit und Non- Profit Unternehmen können sich und die beteiligten Unternehmen weiter entwickeln. Nach eigenen Angaben standen dem beworbenen, grünen Image des Unternehmens bei Beginn der Kooperation noch keine nachhaltigen und ökologischen Anstrengungen gegenüber[26]. Zu diesen wurde Krombacher jedoch durch die Kooperation motiviert. Zudem ist anzunehmen, dass sich die Zusammenarbeit der Partner mit steigender Dauer vertieft, weiterentwickelt und effektiver wird.

Art der Unterstützung: Sehr wahrscheinlich ist, dass ein Unternehmen seine Spende transaktionsbasiert proportional an seinen Absatz und Umsatz koppelt. „Dies ist die einfachste Form der Spende und wird vom Verbraucher am besten verstanden." Zudem hat ein Unternehmen aber auch die Möglichkeit, einen im Vorfeld festgelegten Betrag zu spenden. „Hier besteht aber die Gefahr, dass sich die finanzielle Situation des Unternehmens ändern kann."[27]

---

[24] Fuljahn, A., 2012, S.20
[25] Vgl. Kienzle, S., Rennhak, C., 2009, S.8
[26] Vgl. http://www.taz.de/!100176/
[27] Vgl. Kienzle, S., Rennhak, C., 2009, S.8

4. Erfolgsfaktoren für effektives CRM

4. Risiken des Cause- related Marketing und Erfolgsfaktoren

Folgend soll näher auf die Risiken von CRM- Kampagnen und Erfolgsfaktoren für effektives Cause- related Marketing eingegangen werden.

Die Strategie, den Kauf eines Produktes mit einer Spende für einen wohltätigen Zweck zu verbinden, trifft bei Konsumenten auf vorwiegend positive Einstellungen. Bereits im Jahr 2004 ist das Ergebnis einer amerikanischen Studie, dass ca. 91% der Konsumenten eine begünstigte Einstellung zu Unternehmen haben, die mit wohltätigen Organisationen zusammenarbeiten[28] und im Jahr 2008 in Deutschland begrüßen ca. 70% das CRM- Konzept[29]. Jedoch bergen Cause- related Marketing- Kampagnen für Unternehmen auch einige Risiken, die folgend aufgezeigt werden sollen.

---

[28] Cone, C. L., Roper: Cone Corporate Citizenship Study 2004. Building Brand Trust, 2004, S.3
[29] Oloko, S.: Cause related Marketing- der Status Quo in Deutschland, Hamburg 2008, S. 21

Risiken des CRM

- Einfluss und Abhängigkeit zwischen den Partnern
- Wahl der wohltätigen Organisation
- Vertragliche Regelung, Überwachungssystem für die Kampagne = zeitintensiv, arbeitsaufwendig, Kosten
- Großer Koordinations- und Organisationsaufwand
- Erfordernis umfassender Werbe- und Verkaufsförderungsaktivitäten
- Skepsis der Konsumenten
- Verstärkung eines negativen Effekts

Zunächst besteht ein starker Einfluss und Abhängigkeit zwischen dem Profit- und dem Non-Profit Partner. Das bedeutet, dass das Unternehmen auch für das Handeln der wohltätigen Organisation verantwortlich gemacht wird. Während der Zusammenarbeit muss es darauf vertrauen, dass die Organisation die gespendeten Mittel auch dem vorgesehenen Zweck zuführt und die Organisation keine negativ zu bewertenden Nachrichten auslöst.

Nahezu damit einhergeht die Wahl der wohltätigen Organisation. Hatte eine Organisation in der Vergangenheit negative Publicity, besteht für das Unternehmen die Gefahr, dass sich diese auf Kaufverhalten der Konsumenten ebenfalls negativ auswirkt.[30] Daher ist die Organisation vorher aufmerksam zu prüfen.

Die Kooperation mit einer Organisation muss angebahnt und vertraglich geregelt werden. Außerdem muss ein Überwachungssystem für die Kampagne erstellt werden, damit Fortschritte und Ergebnisse gemessen werden können. Dies kann sehr zeitintensiv und arbeitsaufwendig, zudem kostspielig sein, besonders, wenn ein Unternehmen noch keine Erfahrungen mit Cause- related Marketing hat.[31]

Die gesamte Zusammenarbeit stellt einen großen Aufwand an Koordination und Organisation dar, um beide Partner zu ihrem Ziel zu führen und die Interessen zusammenzuführen.

Aufgrund des üblicherweise geringen Spendenbetrags pro Verkaufsprodukt ist das Unternehmen angehalten, viel Werbung und Verkaufsförderung zu betreiben, um ausreichende Spendenbeträge zu generieren. Dies ist auch insoweit erforderlich, um den Konsumenten

---

[30] Dahmen, S.: Cause Related Marketing: Unternehmerische Verantwortung praktisch umsetzen, Hamburg 2007, S. 35
[31] ebd. S. 33

16

auf die Kampagne aufmerksam zu machen und das Teilnahmeniveau zu steigern, um die positiven Effekte des Cause- related Marketing zu erzielen.[32]

Auch die Skepsis der Konsumenten stellt ein Risiko dar. Fehlt es an Glaubwürdigkeit für das Engagement des Unternehmens kann eine unzureichende Kommunikationspolitik die Zweifel noch verstärken. Es ist daher unerlässlich, Motive, Ergebnisse und Fortschritte ausreichend zu kommunizieren, um die befürchteten Zweifel gar nicht erst aufkommen zu lassen.[33]

Zusätzlich besteht eine Gefahr darin, dass negative Publicity des Unternehmens vom Konsumenten durch die Verschiebung der Erwartungshaltung verstärkt wahrgenommen wird. Verantwortlich tätige Unternehmen genießen zwar mehr Vertrauen bei den Konsumenten, wird dieses Verhältnis belastet, sind Konsumenten hingegen übermäßig enttäuscht.[34]

Erfolgsfaktoren für effektives CRM

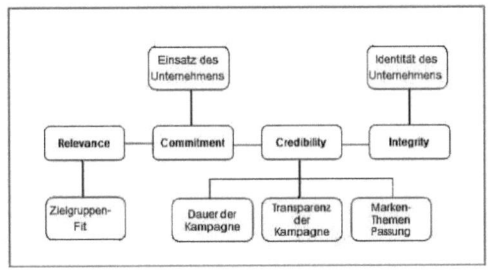

Erfolgsfaktoren für Cause-Related Marketing

Erfolgsfaktoren für effektives CRM

Nach den Autoren Blumberg/ Conrad sind vor allem vier wesentliche Erfolgsfaktoren für ein effektives Cause- related Marketing verantwortlich.

Der erste Faktor wird als *Relevance* bezeichnet und steht für eine zielgruppengerechte Ansprache. Dabei ist für das Unternehmen entscheidend, einen gemeinnützigen Zweck zu fin-

---

[32] ebd. S.34
[33] ebd. S.34
[34] ebd. S.34

den, der den Konsumenten nicht nur rational, sondern auch emotional anspricht[35]. Erreicht die emotionale Ansprache eine hohe Einbindung bzw. Beteiligung des Konsumenten und fühlt er sich verantwortlich für das gesellschaftliche Problem, das das Unternehmen bewirbt, kann CRM besonders effektiv sein. Im Rahmen der Planung einer CRM- Kampagne ist zu bedenken, dass die strategische Ausrichtung der Kampagne das Potential hat, eine Marke emotional aufzuladen und zu Image- und Reputationsgewinnen zu führen.[36]

Das *Commitment* bezeichnet den Einsatz eines Unternehmens im Rahmen einer Kampagne. Dieser wird anhand der Dauer des Engagements und der in die Kampagne investierten Ressourcen definiert und sowohl als ökonomischer, als auch als emotionaler Beitrag bewertet.[37] Bezüglich der Dauer lässt sich vor allem feststellen, dass eine CRM-Kampagne nur dann erfolgreich ist und zur Stärkung der Marke beiträgt, wenn das Engagement des Unternehmens langfristig geplant ist. Effektives Cause-Related Marketing soll „der Marke etwas hinzu addieren".[38]

Ein wesentliches Erfolgskriterium ist die *Credibility*, die Glaubwürdigkeit eines Unternehmens, bzw. einer CRM- Kampagne. Die Glaubwürdigkeit bzw. die Skepsis der Konsumenten bezieht sich dabei auf die Motivation, die ein Unternehmen hat, mit einer wohltätigen Organisation zu kooperieren. Ein Mangel an Glaubwürdigkeit gilt als Hauptkritikpunkt an Cause-related Marketing- Kampagnen.[39] Die Motive des Unternehmens werden als intrinsisch oder extrinsisch unterschieden. Eine extrinsische Motivation wird dann gesehen, wenn egoistische Gründe für die Kooperation im Vordergrund stehen, beispielsweise eine reine Umsatzsteigerung. Dahingegen wird bei einer intrinsischen Motivation von altruistischen Beweggründen ausgegangen. Die Skepsis des Konsumenten und die Glaubwürdigkeit der Kampagne ergeben sich aus der Frage, welche Motive für das Unternehmen ausschlaggebend sind. Altruistische Ziele wirken sich generell positiv aus, während egoistische Ziele negativ bewertet werden.[40] Es werden drei Hauptfaktoren benannt, die aus Konsumentensicht über die Glaubwürdigkeit einer CRM- Kampagne entscheiden: die Dauer der Kampagne, sowie die Transparenz, als auch die Marken- Thermen- Passung.

Vergleichbar zum Punkt Einsatz des Unternehmens, bzw. *Commitment,* trägt bei der Dauer der Kampagne eine Durchführung über einen längeren Zeitraum und/oder eine regelmäßige Wiederholung dazu bei, dass die Kampagne glaubwürdiger erscheint. Außerdem führt eine strenge Transparenz der Kampagne zu einem positiven Effekt. So ist es unerlässlich, den

---

[35] Blumberg, M., Conrad, C.: Good Brand 2006. Gutes tun und davon profitieren? Ethisches Verbraucherverhalten und Cause Related Marketing in Deutschland, Bremen 2006, S.33
[36] Wiedmann, K.-P., Pankalla, L., Schacht, J.: Der Einfluss von CRM- Kampagnen auf die Unternehmensreputation: Theoretische Aufarbeitung und empirische Analyse, Hannover 2011, S.11
[37] ebd. S.9
[38] Vgl. Kienzle, S., Rennhak, C., 2009, S.15
[39] ebd. S.16
[40] Wiedmann, K.-P., Pankalla, L., Schacht, J., 2006, S.5

Konsumenten über Art und Umfang der Kooperation, Fortschritte und Ergebnisse des Projekts zu informieren und die Kommunikation attraktiv zu gestalten.

Als wichtigster Aspekt in der Steigerung der Glaubwürdigkeit von Cause- related Marketing gilt allerdings die Marken- Themen- Passung, auch bezeichnet als Fit. Dieser bezeichnet das subjektiv empfundene Zusammenpassen der Kooperationspartner, bzw. des Engagements innerhalb der Kampagne.[41] In einer Studie ließ sich ein fünf- bis zehnfach höherer Erfolg messen, wenn Kooperationen einen hohen Fit aufwiesen.[42]

Darüber hinaus kann aber auch das allgemeine ethische Verhalten eines Unternehmens bzw. die Reputation, wenn ein Unternehmen für soziales Engagement bekannt ist, dazu beitragen, dass eine höhere Glaubwürdigkeit entsteht.[43]

Als letzter Erfolgsfaktor ist *Integrity* zu nennen. Dieser zielt im weiteren Sinne auch auf eine Marken- Themen- Passung ab, stellt aber die Identität des Unternehmens dabei in den Fokus. Die Entscheidung für eine CRM- Kampagne sollte ersichtlich aus der Unternehmensstrategie abzuleiten sein und aus Verbrauchersicht kein opportunistisches Instrument darstellen.[44]

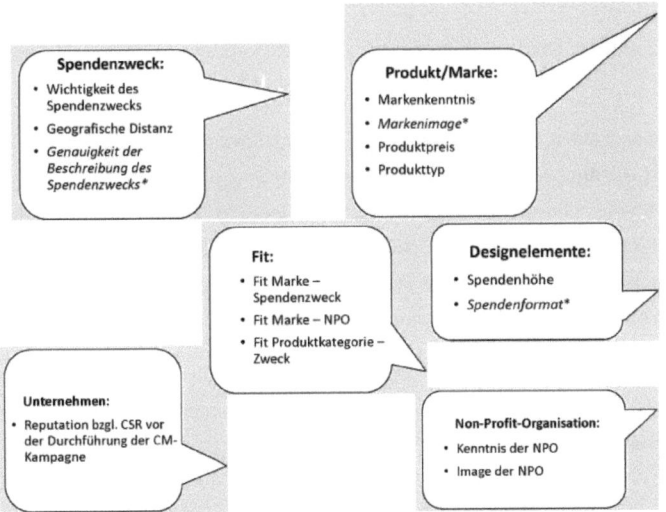

Außerdem konnten in einer späteren Untersuchung die folgenden Faktoren identifiziert werden: Bezüglich des Spendenzwecks lässt sich ein Einfluss der Wichtigkeit des Spenden-

---

[41] ebd. S7
[42] ebd. S.6
[43] ebd. S.5
[44] Kienzle, S., Rennhak, C., 2009, S.16

zwecks, der geografischen Distanz und der Genauigkeit bei der Beschreibung des Spendenzwecks feststellen. Der Zweck eines Engagements sollte vom Konsumenten als wichtig er-
achtet werden. Die geografische Distanz sollte zum Produkt bzw. zur Marke passen; im
Grunde genommen steigert eine geringere Distanz aber die Effektivität. Ebenso wie eine
höchstmögliche Genauigkeit beim Beschreiben des Spendenzwecks, da eine höhere Transparenz erreicht wird.

Bei Produkt und Marke beeinflussen die Markenkenntnis, das Markenimage, sowohl der
Produkttyp, als auch der Preis die Effektivität von CRM. Ist das Markenimage mit positiven
Attributen belegt, möglicherweise sogar mit dem Adjektiv „vertrauensvoll", so können diese
Attribute leichter auch für eine CRM- Kampagne erreicht werden. Als Produkttyp eignen sich
besonders hedonistische Waren, die einen Vergnügungscharakter besitzen, so zum Beispiel
Schokolade oder Bier. Sie verursachen beim Konsumenten eher Schuldgefühle, die durch
eine CRM- Maßnahme kompensiert werden können. Im hochpreisigen Sortiment allerdings
können diese als Vorwand für den hohen Preis ausgelegt werden, sodass hier vorsichtig zu
handeln ist.

Beim Fit, bzw. der Marken- Themen- Passung sind besonders die Beziehungen der Marke
zum Spendenzweck, der Marke zur wohltätigen Organisation und der Produktkategorie zum
Spendenzweck zu berücksichtigen.

Wie bereits erörtert, hat die Reputation des Unternehmens einen Einfluss auf die Effektivität
von CRM.

Auch Designelemente wie die Spendenhöhe und das Spendenformat wirken sich auf den
Erfolg von CRM aus. So lässt sich über die Höhe der Spenden feststellen, dass Konsumenten kleine Spenden bevorzugen, vermutlich, da sie größere Beträge vorzugsweise in Form
eines Ersparnisses wahrnehmen möchten. Nicht- monetäre Spendenformate wie beispielsweise eine gespendete Impfdosis gegen Tetanus erhöhen dahingegen die Konsumentenzu-
friedenheit und beeinflussen das Markenimage positiv.

Beim Faktor Non- Profit Organisation spielen vor allem die Kenntnis über und das Image der
Organisation eine Rolle, da diese Aspekte auf die CRM- Kampagne und auch die Marke ab-
färben können.[45]

---

[45] Sämtliche Faktoren vgl. Fries, A.: Erfolgsfaktoren des Cause- Related Marketing, Berlin 2012, S. 14 f.

5. Kampagnen

Nun sollen einige Cause- related Marketing- Kampagnen vorgestellt und anhand bisher auf-gestellter Kriterien bewertet werden.

Kampagne 1

Bolzplätze für Deutschland

- ❖ Bitburger & DFB / Oliver Bierhoff
- ❖ 2005- 2006
- ❖ Bolzplatzrenovierung
- ❖ Pro verkauftem Bierkasten = eine definierte Fläche Renovierung

Im Mai 2005 startete der Brauereikonzern *Bitburger* in Zusammenarbeit mit dem Deutschen Fußballbund (DFB) und dem Repräsentanten Oliver Bierhoff die Aktion „Bolzplätze für

Deutschland".[46] Im Rahmen dieser Aktion sollte pro verkauftem Pack und Kasten des Biers eine festgelegte Fläche Bolzplatz in Deutschland renoviert werden. Ziel war es, eine Initiative zur Nachwuchsförderung im Fußball zu schaffen und marode Bolzplätze in Deutschland wieder bespielbar zu machen. Die Kampagne wurde drei Mal durchgeführt, währenddessen gingen über 10.000 Bewerbungen für Bolzplätze ein, von denen 255 erfolgreich renoviert übergeben werden konnten.[47]

Geografische Reichweite		national
Zeithorizont		mittelfristig
Ausrichtung		taktisch
Art der Unterstützung		transaktionsbasiert
	Relative Wichtigkeit	Bewertung
Wichtigkeit des Zwecks	+++	✕
Fit	+++	✕
Genauigkeit	+++	✕
Produktpreis (CRM)	- -	✓
Markenimage	++	✓
Markenkenntnis	- -	✓
Produkttyp	-	✓
Spendenformat	-	✓

Aufgrund der inländischen Kampagnenreichweite und des inländischen Spendenzwecks handelt es sich bei der CRM- Kampagne „Bolzplätze für Deutschland" um eine nationale Reichweite. Da die Kooperation über einen Zeitraum von zwei Jahren insgesamt drei Mal wiederholt wurde, ist sie zeitlich den mittelfristigen Kampagnen zuzuordnen, mit einer taktischen Ausrichtung. Die Unterstützung erfolgt dabei wie üblich transaktionsbasiert.

Es ist sichtbar, dass die Kampagne bezüglich der Erfolgsfaktoren positive, als auch negative Merkmale aufweist.

Das Markenimage wird positiv bewertet. Es ist fest definiert: Bitburger will für Erfolg, Leistung und Status stehen.[48] Da der Bierbraukonzern nach dem Absatz seit Jahren zu den Top Drei in Deutschland gehört48 und aufgrund der Definition, steht einer positiven Bewertung nichts

---

[46] Bitburger: http://www.bitburger-braugruppe.de/social-media-newsroom/details/news/jubilaeum-mit-oliver-bierhoff/, (abgerufen am 10.12.2013)
[47] Kienzle, S., Rennhak, C., 2009, S.17
[48] SWR: Marktcheck, 09.08.2012, unter http://www.swr.de/marktcheck/gesundheit-ernaehrung/marktcheck-ckeckt-bitburger/-/id=2248976/nid=2248976/did=10093972/1pfs64u/index.html (abgerufen am 10.12.2013)

im Wege. Und auch Markenkenntnis der Konsumenten sowohl von Bitburger, als auch vom DFB ist vorhanden.

Als hedonistischer Produkttyp ist Genussmittel Bier hervorragend für Cause- related Marketing- Kampagnen geeignet. Das Spendenformat ist nicht- monetär und wirkt sich damit positiv imagebildend aus. Auch der Produktpreis ist im Allgemeinen, als auch innerhalb des Biersortiments, im Mittelfeld anzusiedeln, somit ein positiver Faktor für den Erfolg.

Hinsichtlich der vergleichsweise weitaus wichtigeren Erfolgsfaktoren jedoch ist diese CRM – Kampagne negativ zu bewerten. Der Spendenzweck stellt kein notwendiges Erfordernis dar. Bolzplätze in Deutschland zu renovieren kann kaum mit anderen Spendenzwecken, wie beispielsweise der Rettung des Regenwaldes, Bereitstellung von Trinkwasser oder Spenden von Schulmaterial in Entwicklungsländern verglichen werden.

Zudem ist fehlt es an Genauigkeit bei der Beschreibung des Spendenzwecks. Es ist förderlich, wie es getan wurde, Gleichungen aufzustellen, die den Spendenmechanismus veranschaulichen. Jedoch lassen die genannten Zentimeterangaben keinen Raum für die Entstehung von Vertrauen darauf, etwas zu erreichen. Kurz nach Beginn der Kampagne kam bereits die Frage auf, ob durch die Kampagne viel zu erreichen sein[49], wenn pro Kasten im besten Fall 0,07m² und im schlechtesten Fall 0,02m² Bolzplatz zu retten seien. Bei der Größe eines normalen Fußballfeldes würden demnach 125.000 Kästen benötigt. Eine Impfdosis für ein Neugeborenes zu spenden verspricht im Vergleich eher, ein Erfolgserlebnis zu werden.

Der wichtigste Punkt ist jedoch der Fit, der immer eng mit der Glaubwürdigkeit einer Kampagne verbunden ist. Einer Studie zufolge bestehen seitens des Konsumenten Zweifel an der Marken- Themen- Passung bei dieser Kampagne. Nur ca. 24,4% der Befragten finden die Kampagne gut, weil sie zur Marke bzw. zum Unternehmen passt[50]. Demnach kann der Konsument keine logische Verbindung von Bier zu Bolzplätzen erkennen. Im Gegensatz zum *Krombacher*- Projekt wirkt der Fit umso negativer, weil auf Bolzplätzen üblicherweise junge Menschen verkehren, die vor dem Alkoholgenuss bewahrt werden sollten.

---

[49] Der Shopblogger: Bolzplätze für Deutschland, 13.05.2005, unter
http://www.shopblogger.de/blog/archives/1036-Bolzplaetze-fuer-Deutschland.html (abgerufen am 10.12.2013)
[50] Kienzle, S., Rennhak, C., 2009, S.18

23

Kampagne 2

- ❖ Pampers & UNICEF
- ❖ Seit 2006
- ❖ Bekämpfung von Tetanus bei Neugeborenen
- ❖ Pro verkaufter Packung = 1 Impfdosis

Die zweite bekannte Cause- related Marketing- Kampagne, die vorgestellt werden soll, ist die von *Procter & Gamble* bzw. *Pampers* und *UNICEF*, dem Kinderhilfswerk der Vereinten Nationen. Pampers unterstützt UNICEF seit 2006 mit der Aktion „1 Packung = 1 lebensrettende Impfdosis" um Tetanus bei Neugeborenen zu bekämpfen.

Seit Beginn der Kooperation haben bereits acht Länder durch die *WHO* (World Health Organization) den Status der Tetanus-Eliminierung erhalten. In diesem Jahr sollen durch die Aktion Impfprogramme in 24 Ländern unterstützt werden.[51] Gleichzeitig zur Spende einer Impfdosis bei Verkauf einer Packung *Pampers* Windeln, gibt es einen Online- Bereich auf der Homepage von *Pampers*, der über den Stand der Aktion informiert, aber auch die Möglichkeit bietet, online Impfdosen zu spenden. Als Aktionsbotschafter fungierten mitunter Heiner Lauterbach, Barbara Becker und Barbara Schöneberger.

---

[51] P&G: Pampers und UNICEF, unter http://www.pg.com/de_DE/nachhaltigkeit/soziale-verantwortung/pampers-unicef.shtml (abgerufen am 11.12.2013)

Geografische Reichweite	international
Zeithorizont	langfristig
Ausrichtung	strategisch
Art der Unterstützung	transaktionsbasiert

	Relative Wichtigkeit	Bewertung
Wichtigkeit des Zwecks	+++	✓
Fit	+++	✓
Genauigkeit	+++	✓
Produktpreis (CRM)	- -	✗
Markenimage	++	✓
Markenkenntnis	- -	✓
Produkttyp	-	✗
Spendenformat	-	✓

Die geografische Reichweite dieser Kampagne ist aufgrund ihrer Durchführung in verschiedenen Ländern, beispielsweise auch in den USA und Japan, und aufgrund des Spendenzwecks, der mehreren afrikanischen und asiatischen Ländern zu Gute kommt, international. Die jährliche Durchführung seit dem Jahr 2006 zeigt einen langfristigen Zeithorizont, welcher auf eine feste Integrierung des Cause- related Marketing in die Markenstrategie, und somit auf eine strategische Ausrichtung schließen lässt. Auch hier handelt es sich vorwiegend um eine transaktionsbasierte Unterstützung des Unternehmens.

Anhand der Bewertungstabelle lässt sich feststellen, dass die Kampagne zwar negative Merkmale aufweist, diese jedoch Faktoren betreffen, die relativ gesehen nicht von großer Bedeutung sind.

So ist der Produktpreis von *Pampers* innerhalb des Sortiments zwar hoch, jedoch ist zu vermuten, dass der Effekt, dass Konsumenten die Kampagne als Vorwand für einen hohen Preis sehen, vorwiegend nicht gegeben ist, da die Bekanntheit der Marke bereits vor der Cause- related Marketing- Kampagne hoch war, ebenso wie das Preisniveau bekannt.

Der Produkttyp ist gemäß den Erfolgsfaktoren für Cause- related Marketing eher ungeeignet, da es sich hier um eine utilitaristische, also funktionale, Ware handelt.

Im Gegensatz dazu genießt *Pampers* ein gutes Markenimage, das besonders für Komfort und Zuverlässigkeit steht und gemäß dem Bild von *Procter & Gamble* für Verantwortungsbewusstsein und Vertrauen. Die Bekanntheit der Marke ist immens groß, sie gilt als bekannteste Windel der Welt[52] und ist mindestens in Deutschland zum Gattungsbegriff geworden, da im Sprachgebrauch oft das Wort „Pampers" bezeichnend für Windeln verwendet wird. Der Spendenzweck wird auch hier imagefördernd und effektiv als nicht- monetäre Größe kommuniziert. Die Kosten für eine Impfdosis betragen ca. 0,05€, was auf der Homepage nur im Kleingedruckten kommuniziert wird, da das nicht- monetäre Schema „1 Packung = eine Impfdosis" zum Erfolg der Kampagne beiträgt.

Doch besonders in den Erfolgsfaktoren, denen relativ gesehen eine gewichtige Bedeutung zukommt, ist diese Cause- related Marketing- Kampagne positiv zu bewerten.

Die Wichtigkeit des Spendenzwecks könnte nahezu nicht größer sein, als Menschenleben zu retten, und besonders das von schutzlosen, hilfsbedürftigen Neugeborenen. Trotz der geografischen Entfernung handelt es sich hierbei um ein Problem, das den Konsumenten vielleicht noch begreiflicher und näher ist, als beispielsweise die Rettung des Regenwaldes, da jeder Vater und jede Mutter die Besorgnis um das neugeborene Kind, mehr emotional als rational, versteht. Diese Tatsache führt zu zwei weiteren Erfolgsfaktoren für Cause- related Marketing.

Zum einen wird durch den Spendenzweck eine emotionale Ansprache des Konsumenten erreicht. Diese Emotionalisierung ist ein entscheidender Effektivitätsfaktor im Cause- related Marketing.[53]

Andererseits führt die Verbindung der Zielgruppe mit dem Spendenzweck zu einem hohen Zielgruppen- Fit bzw. zum Erfolgsfaktor *Relevance*, da sowohl eine hohe Beteiligung des Konsumenten, als auch die Übernahme von Verantwortung durch diesen, wahrscheinlich ist.

Auch der generelle Fit, also das subjektiv empfundene, thematische Zusammenpassen der Marke mit dem Spendenzweck ist, gesundem Menschenverstand nach zu urteilen, sehr hoch. Es ist logisch, dass sich eine Marke mit Baby- Hygieneartikeln für den gesundheitlichen Zustand von Neugeborenen engagiert. Diese hohe Marken- Themen- Passung wirkt sich vor allem auch auf die Glaubwürdigkeit der Kampagne aus. Die wiederholte Durchführung der Kampagne, und demnach der Erfolg, bestätigen die Zuversicht des Konsumenten, die Kampagne für sehr glaubhaft zu erachten.

Zudem ist Genauigkeit bei der Beschreibung des Spendenzwecks gegeben, da der Konsument weiß, dass er durch den Kauf einer Packung *Pampers* genau eine Impfdosis gegen Tetanus spendet. Dieses Schema ist sehr transparent und erhöht das Vertrauen des Konsumenten.

---

[52] http://www.content-marketing.com/content-marketing-von-pampers/ (abgerufen am 11.12.2013)
[53] Vgl. Blumberg, M., Conrad, C., 2006, S.33

Als Fazit lässt sich daraus ableiten, dass besonders eine glaubwürdige und begründete Wahl des Spendenzwecks, sowie der Non- Profit- Organisation, für eine Cause- related Marketing-Kampagne getroffen werden muss. Beim Spendenschema muss auf Genauigkeit und Transparenz geachtet werden, damit das Vertrauen des Konsumenten gewonnen werden kann. Je langfristiger das Engagement ist, desto glaubhafter wirkt es. Ebenso unerlässlich ist eine transparente und ausgereifte Kommunikation bezüglich des Aktionszeitraums, der Verwendung von Spendengeldern und dem Verlauf der Kampagne. Hierzu eignet sich besonders ein eigens für die Kampagne gestalteter Bereich in der Online- Präsenz der Marke. Nicht jedes Produkt ist vorteilhaft für Cause- related Marketing geeignet, Produkttyp, -preis, Markenkenntnis und –image sind zu beachten.

Cause- related Marketing beim DRK

Nun soll noch das Cause- related Marketing beim Deutschen Roten Kreuz vorgestellt werden.

Das DRK ist eine wohltätige Organisation, die Menschen rettet, in Notlagen hilft, Menschen eine Gemeinschaft bietet, Armen und Bedürftigen beisteht und über das humanitäre Völkerrecht wacht.[54] Wie man an diesem Screenshot von der Internetseite des Deutschen Roten Kreuzes sehen kann, gibt es einen eigenen Bereich für Angelegenheiten von Cause- related Marketing. Dort wird über einige Vorteile des Cause- related Marketing und Steuerliches informiert, und darauf hingewiesen, dass das Logo des DRK markenrechtlich geschützt ist. Das DRK berät Unternehmen gern, wie eine Kooperation aussehen könnte und stellt zwei

---

[54] DRK, 2013, unter http://www.drk.de/ueber-uns.html (abgerufen am 12.12.2013)

Ansprechpartner dafür zur Verfügung. Hier ist ersichtlich, dass auch Non- Profit- Organisationen Vorteile im Cause- related Marketing sehen und sich zur Verfügung stellen.

Situation: Flut im Hochsommer 2013

Ein Einsatzgebiet des DRK stellte die Hochwasserkatastrophe in Deutschland im Sommer 2013 dar. Hier entschied sich *Procter & Gamble* gegen eine Cause- related Marketing- Offensive und spendete einen festgelegten Geldbetrag in Form einer raschen Soforthilfe.

Cause- related Marketing: Jacobs Krönung

Jacobs Krönung dahingegen startete kurzfristig, wie es im Artikel bezeichnet wird, eine „Spendenaktion im Einzelhandel" zugunsten der Fluthilfe. Diese Cause- related Marketing-Kampagne wurde zeitgleich der Katastrophe von Juni bis Juli 2013 durchgeführt und sah eine Spende von 10 Cent pro verkaufter Packung *Jacobs Krönung* Filterkaffee vor. Inklusive einer Aufrundung des Betrages konnten 650.000€ für die Fluthilfe erzielt werden. Trotz der Kurzfristigkeit der Kampagne konnte sie hier aufgrund des wichtigen Spendenzwecks und der emotionalen Beteiligung des Konsumenten erfolgreich durchgeführt werden.

Bereits 2008...

- kennen 93,9% der Konsumenten mindestens eine CRM-Kampagne, aber nur 23,1% kennen mehr als zwei

- halten 96,9% die Verbesserung des Markenimages für das wichtigste Motiv der Unternehmen, direkt gefolgt von der Absatzsteigerung mit 85,2% - das altruistische Motiv halten dagegen nur 20% als wichtig für die Unternehmen

- 85,4% stimmen der Aussage zu, dass Unternehmen eine grundsätzliche Verantwortung haben und weitere 56,8% stimmen zu, dass CRM eine adäquate Technik zur Umsetzung dieser Verantwortung sei

Bereits 2008 kennen 93,9% der Konsumenten mindestens eine CRM- Kampagne, aber nur 23,1% kennen mehr als zwei.

96,9% der Konsumenten halten die Verbesserung des Markenimages für das wichtigste Motiv der Unternehmen, direkt gefolgt von der Absatzsteigerung mit 85,2%. Das altruistische Motiv halten dagegen nur 20% als wichtig für die Unternehmen.

85,4% stimmen der Aussage zu, dass Unternehmen eine grundsätzliche Verantwortung zu tragen haben und weitere 56,8% stimmen zu, dass CRM eine adäquate Technik zur Umsetzung dieser Verantwortung sei.[55]

Frage:
Wie ist die Entwicklung von Cause-related Marketing in der Zukunft zu beurteilen?
Positiv Trend / Negativ Trend?

Nun möchte ich die Frage stellen, wie die Entwicklung von Cause- related Marketing in der Zukunft zu beurteilen sei. Entwickelt es sich für Unternehmen und Konsumenten eher zum positiven oder vielleicht zum negativen Trend?

Meines Erachtens wird die Bedeutung und Verbreitung von Cause- related Marketing- Kampagnen in der Zukunft aufgrund der wachsenden Erwartungshaltung des Konsumenten bezüglich der Verantwortung und des Engagements von Unternehmen zunehmen. Von großen Unternehmen ist es heutzutage bereits nahezu ein Standard, erwarten zu können, dass sie soziales und/oder ökologisches Engagement betreiben und Informationen dazu auf der Internetseite des Unternehmens nachgelesen werden können. Für Unternehmen wird es sich

---

[55] Oloko, S.: Cause related Marketing- der Status Quo in Deutschland, Hamburg 2008, S. 21

besonders als positiver Trend erweisen, wenn die Bemühungen im Cause- related Marketing zu glaubhaften Kampagnen führen. Diese wirken sich imagebildend auf das Unternehmen aus und stellen ein Differenzierungsmerkmal im Wettbewerb dar. Außerdem, wenn der Konsument aufgrund der Kampagne die Marke wechselt und eine Absatz-/ Umsatzsteigerung erreicht wird. Ein negativer Trend könnte sich ergeben, wenn die grundsätzliche Skepsis der Konsumenten, evtl. wegen negativer Schlagzeilen, steigt und Cause- related Marketing als rein profitorientierte Marketing- Strategie ohne altruistisches Interesse gesehen wird.

Für die Konsumenten wird sich Cause- related Marketing weiter zum positiven Mechanismus entwickeln, wenn Unternehmen besonders darauf achten, eine transparente Kommunikation der Fakten und Ergebnisse der Kampagnen auszuüben, ausreichend hohe Spendenbeiträge zusammen kommen, das Engagement der Unternehmen von vertrauenswürdiger Dauer ist und die Marken- Themen- Passung auf eine glaubwürdige Kampagne schließen lässt. Löst der Kauf eines Produktes und die getätigte Spende ein gutes Gefühl beim Konsumenten aus, steigert dies die Zufriedenheit mit sich und mit dem Unternehmen. Ein negativer Trend könnte Cause- related Marketing für Konsumenten bedeuten, wenn Unternehmen Anlass zur Skepsis geben und Vertrauen verloren geht. Zudem, wenn Kampagnen dazu führen, dass die Höhe der Privatspenden an wohltätige Organisationen reduziert werden. Dafür gibt es meines Wissens bis dato aber noch keinen empirischen Beweis.

Literaturverzeichnis

Adkins, S.: The wider Benefits of Backing a Good Cause, Marketing, 02.09.1999

Bitburger: http://www.bitburger-braugruppe.de/social-media-newsroom/details/news/jubilaeum-mit-oliver-bierhoff/, (abgerufen am 10.12.2013)

Blumberg, M., Conrad, C.: Good Brand 2006. Gutes tun und davon profitieren? Ethisches Verbraucherverhalten und Cause Related Marketing in Deutschland, Bremen 2006

Caroll, A. B.: A Three- Dimensional Conceptual Model of Corporate Performance, Academy of Management Review, 4. Jg., 1979

Cone, C. L., Roper: Cone Corporate Citizenship Study 2004. Building Brand Trust, 2004

Dahmen, S.: Cause Related Marketing: Unternehmerische Verantwortung praktisch umsetzen, Hamburg 2007

Der Shopblogger: Bolzplätze für Deutschland, 13.05.2005, unter http://www.shopblogger.de/blog/archives/1036-Bolzplaetze-fuer-Deutschland.html (abgerufen am 10.12.2013)

Fries, A.: Erfolgsfaktoren des Cause- Related Marketing, Berlin 2012

Fuljahn, A.: Cause- related Marketing in Deutschland, Saarbrücken 2012

Huber, F., Regier, S., Rinino, M.: Cause- Related- Marketing- Kampagnen erfolgreich konzipieren, Wiesbaden 2008

Huppertz, A.: Cause- related Marketing: Auswirkungen und Einflussfaktoren, Saarbrücken 2007

IEG: The Growth of Cause Marketing, 2013, unter http://www.causemarketingforum.com/site/c.bkLUKcOTLkK4E/b.6412299/apps/s/content.asp?ct=8965443 (abgerufen am 28.11.2013)

Oloko, S.: Cause related Marketing- der Status Quo in Deutschland, Hamburg 2008

Polonsky, M. J. /Wood, G.: Can the Overcommercialization of Cause- related Marketing Harm Society, Journal of Macromarketing, 21. Jg., Nr.1, 2001

Pringle, H. /Thompson, M.: Brand Spirit, How Cause Related Marketing Builds Brands, Chichester 1999

P&G: Pampers und UNICEF, unter http://www.pg.com/de_DE/nachhaltigkeit/soziale-verantwortung/pampers-unicef.shtml (abgerufen am 11.12.2013)

SWR: Marktcheck, 09.08.2012, unter http://www.swr.de/marktcheck/gesundheit-ernaehrung/marktcheck-ckeckt-bitburger/-/id=2248976/nid=2248976/did=10093972/1pfs64u/index.html (abgerufen am 10.12.2013)

Varadarajan, P. R., Menon, A.: Cause-Related Marketing. A Coalignment of Marketing Strategy and Corporate Philanthropy. In: Journal of Marketing, Vol. 52, Issue 3, 1988

Wahler, M., Wirth, J.: Cause Related Marketing (CRM) Marketing für den guten Zweck, 2011

Zier, T.: Markenführung und Werbewirkung im Internet, Köln 2008

Wiedmann, K.-P., Pankalla, L., Schacht, J.: Der Einfluss von CRM- Kampagnen auf die Unternehmensreputation: Theoretische Aufarbeitung und empirische Analyse, Hannover 2011

Abbildungsverzeichnis

Volvic: 1 Liter trinken- 10 Liter spenden, Horizont.net, 06.07.2005, unter

http://www.horizont.net/standpunkt/spiesseralfons/pages/protected/show.php?id=126&page=

1&params=keyword%253D%2526all%253D1%2526type%253D0%2526laufzeit%253D0

(abgerufen am 16.11.2013)

Ziele des CRM aus Unternehmenssicht: vgl. Fuljahn, A.: Cause- related Marketing in

Deutschland, Saarbrücken 2012, S. 9